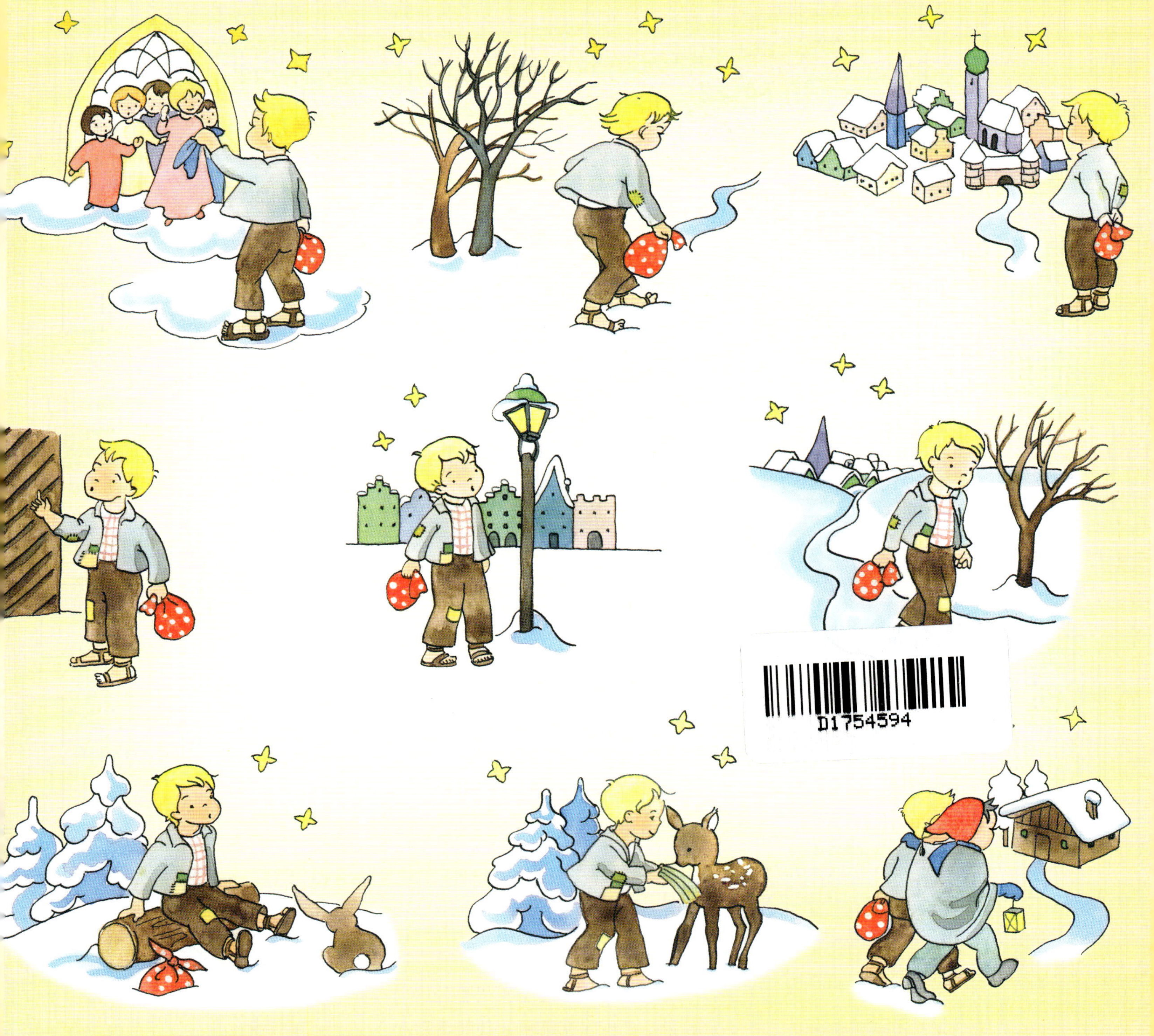

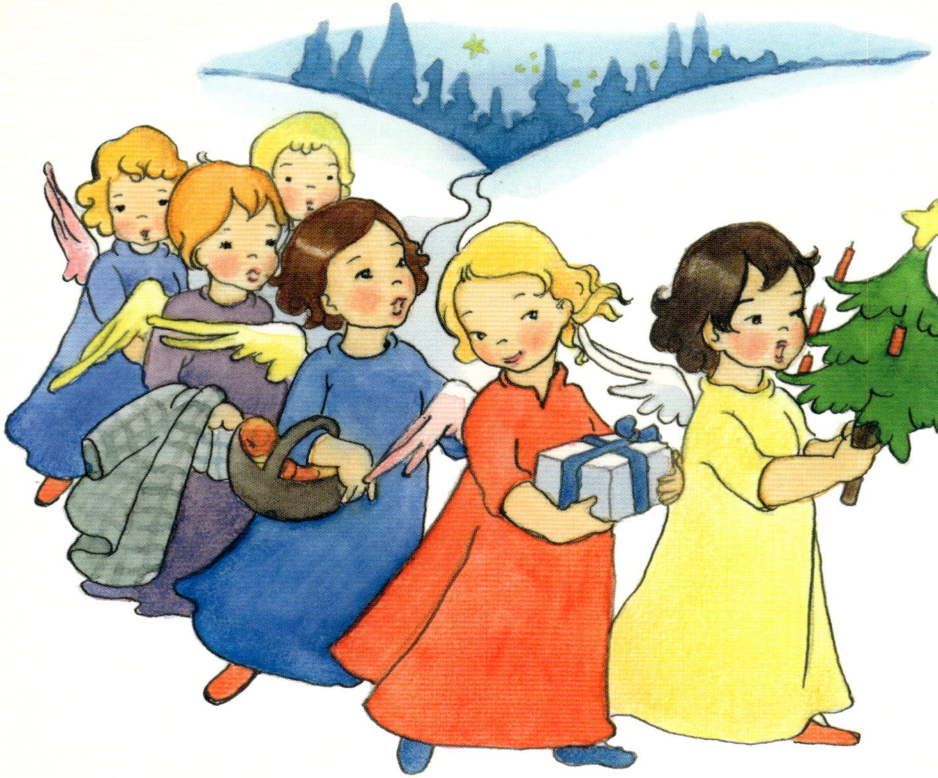

CHRISTKINDS ERDENREISE

Bilder von Gerti Lichtl
Verse von Anne Peer nach eine Idee von Gerti Lichtl

Verlagsbuchhandlung Julius Breitschopf

In einer Nacht zur Weihnachtszeit
ist manches Kind lang wach geblieben,
hat nachgedacht und Wunsch für Wunsch
ans liebe Christkind aufgeschrieben.

Die Englein ziehen später leis
mit einem Sack bei Sternenschein
von Fensterbrett zu Fensterbrett
und sammeln alle Briefe ein.

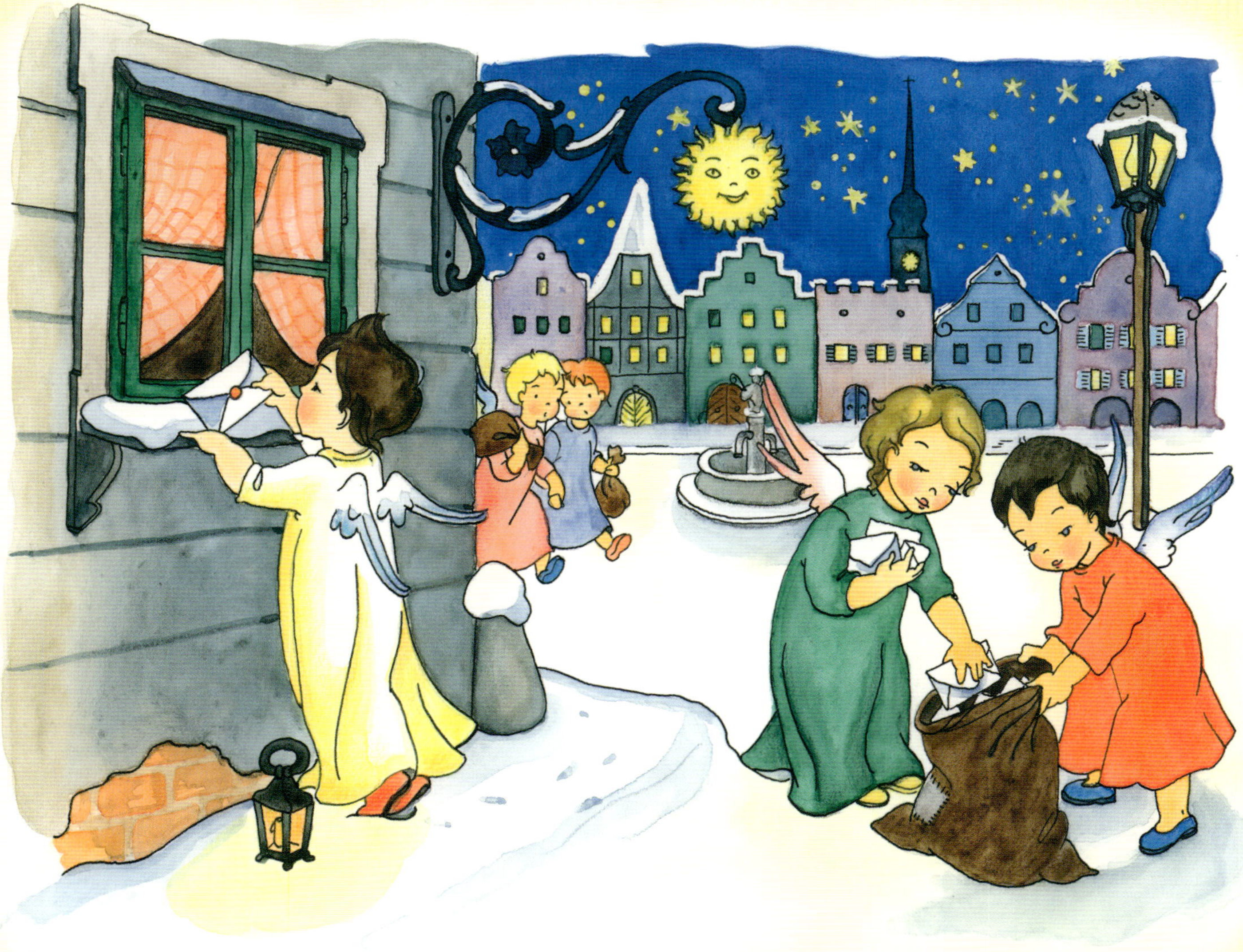

Sie fliegen noch in dieser Nacht
im Sausewind zum Himmelszelt
und singen fröhlich: „Weihnachtspost
wie jedes Jahr aus aller Welt!"

Das Christkind liest und wundert sich:
„So mancher Wunsch in diesem Jahr
ist nicht erfüllbar, wie mir scheint,
und klingt für mich recht sonderbar.

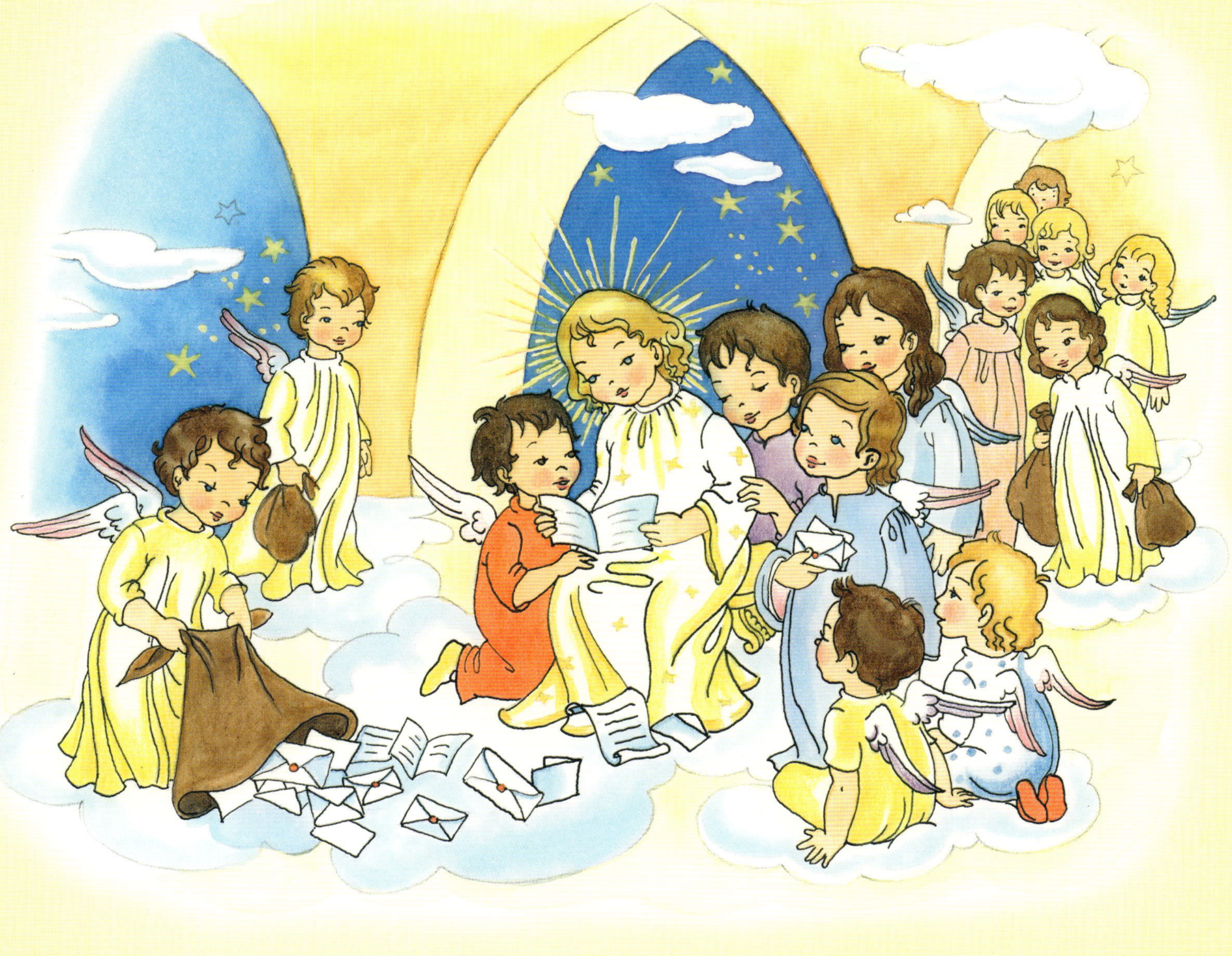

Hier steht ganz deutlich ELEFANT.
Der ist doch groß und tonnenschwer.
Der lebt in einem fernen Land.
Wie schleppt man so ein Tier nur her?"

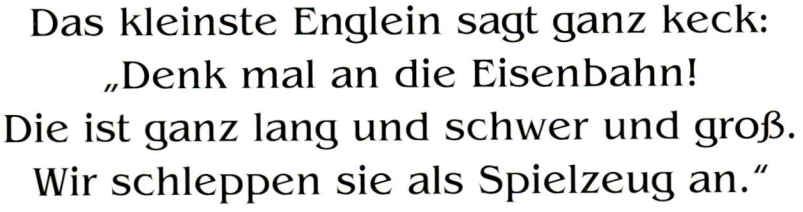

Das kleinste Englein sagt ganz keck:
„Denk mal an die Eisenbahn!
Die ist ganz lang und schwer und groß.
Wir schleppen sie als Spielzeug an."

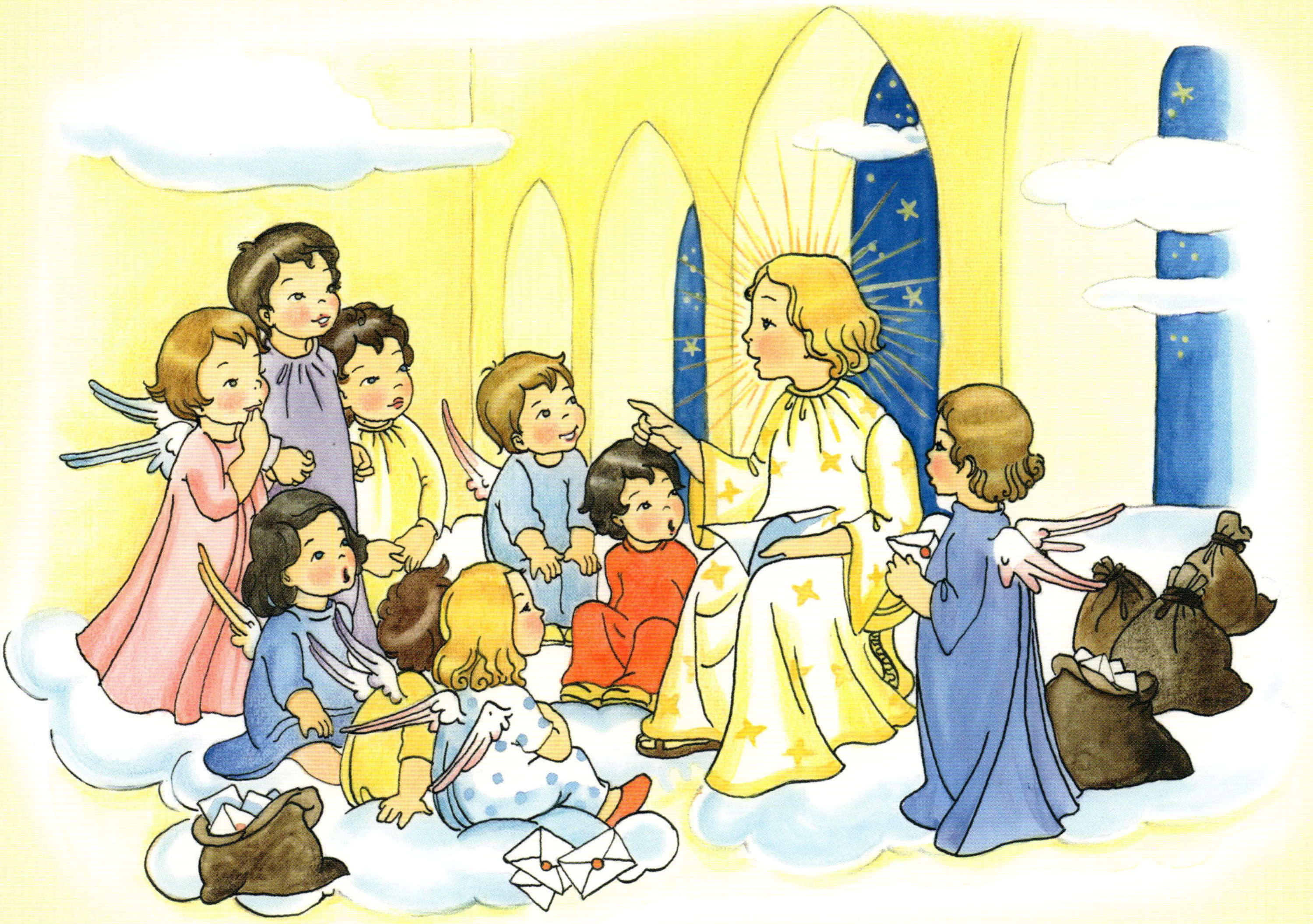

Das Christkind nickt dem Englein zu.
„Plüschelefant! Ja, das hat Sinn.
Der Weihnachtsstress ist schuld daran,
dass ich so durcheinander bin.

Drum will ich jetzt als kleiner Junge
dort unten bei den Kindern sein.
Ein kurzer Ausflug tut mir gut.
Bis bald, ihr lieben Engelein!"

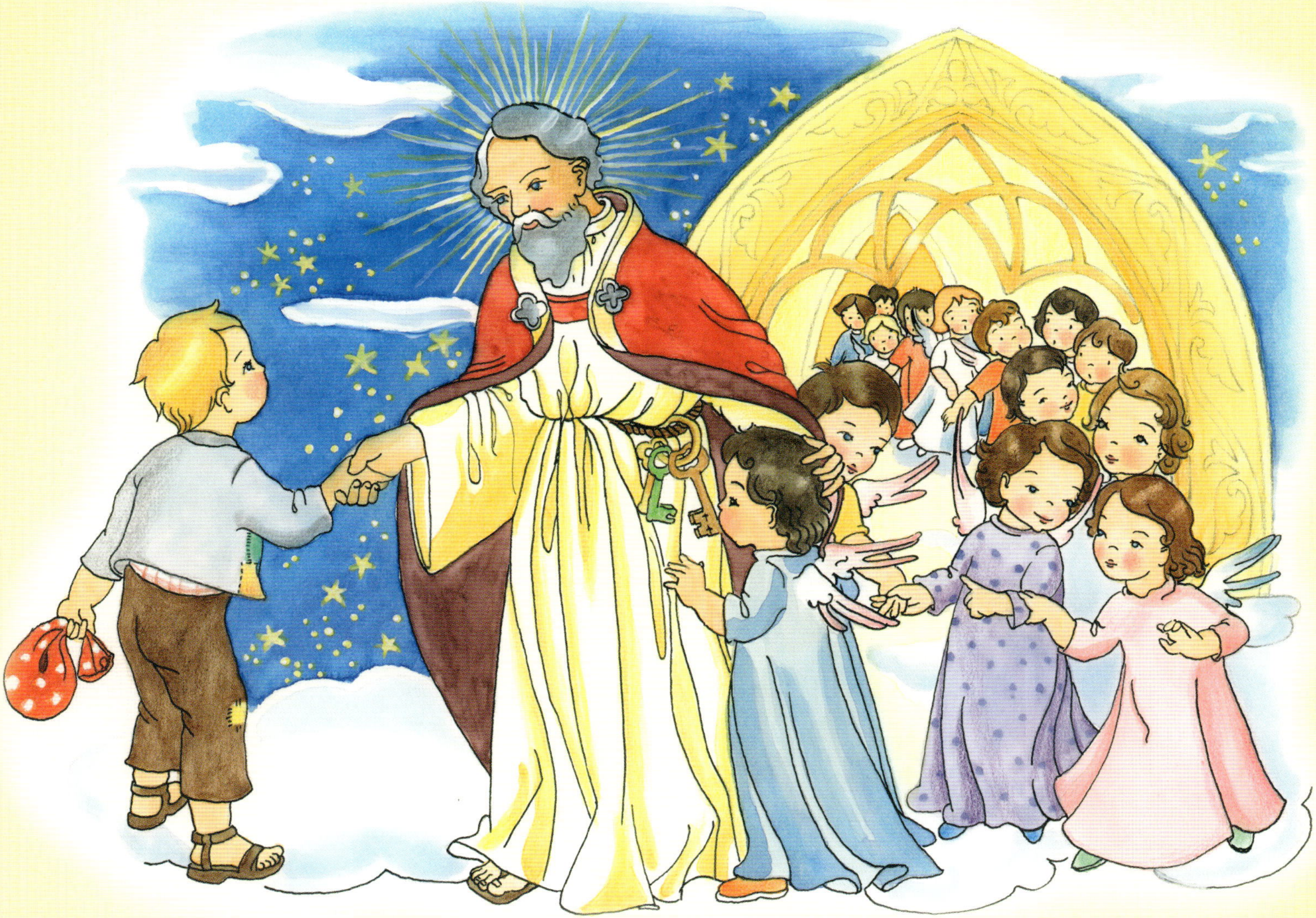

Schon stapft es freudig durch den Schnee,
hoch über ihm der Sternenschein.
Es singt das Lied vom Tannenbaum,
die Vögel stimmen gleich mit ein.

Ein Hase hoppelt auf dem Weg,
das nächste Dorf ist nicht mehr weit.
Die Menschen drin im warmen Haus
genießen noch die Abendzeit.

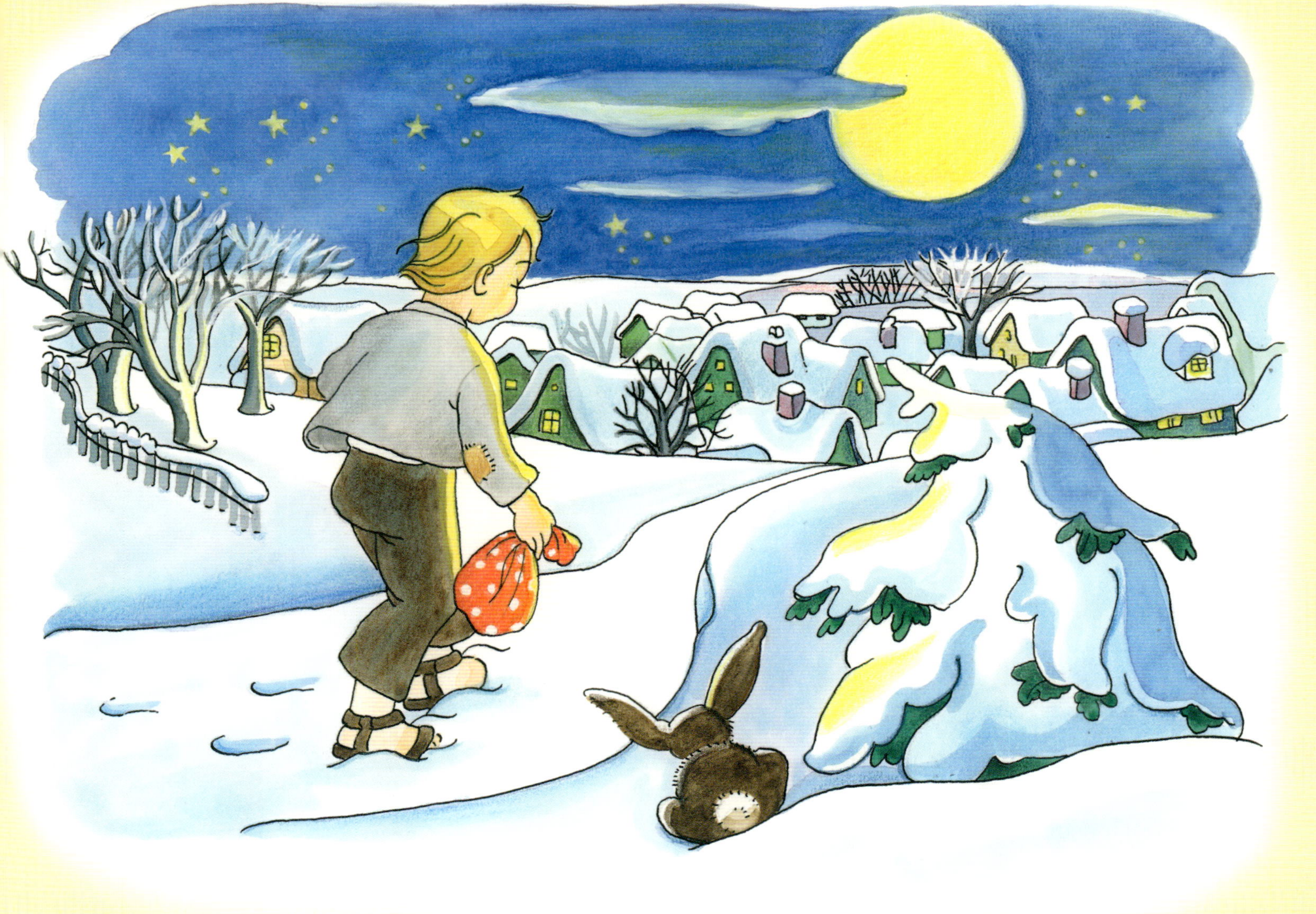

Von ferne klingt ein Glockenton.
Die Nacht ist kalt und sternenklar.
Das Christkind denkt, wie ist das Land
doch glitzerweiß und wunderbar.

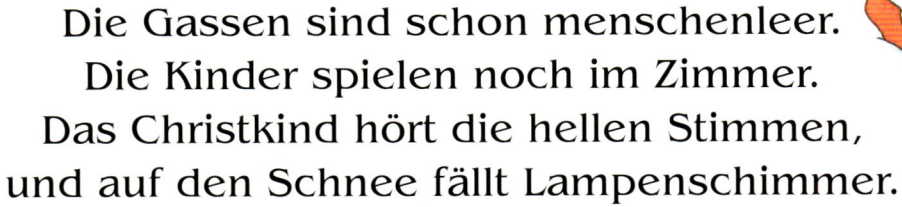

Die Gassen sind schon menschenleer.
Die Kinder spielen noch im Zimmer.
Das Christkind hört die hellen Stimmen,
und auf den Schnee fällt Lampenschimmer.

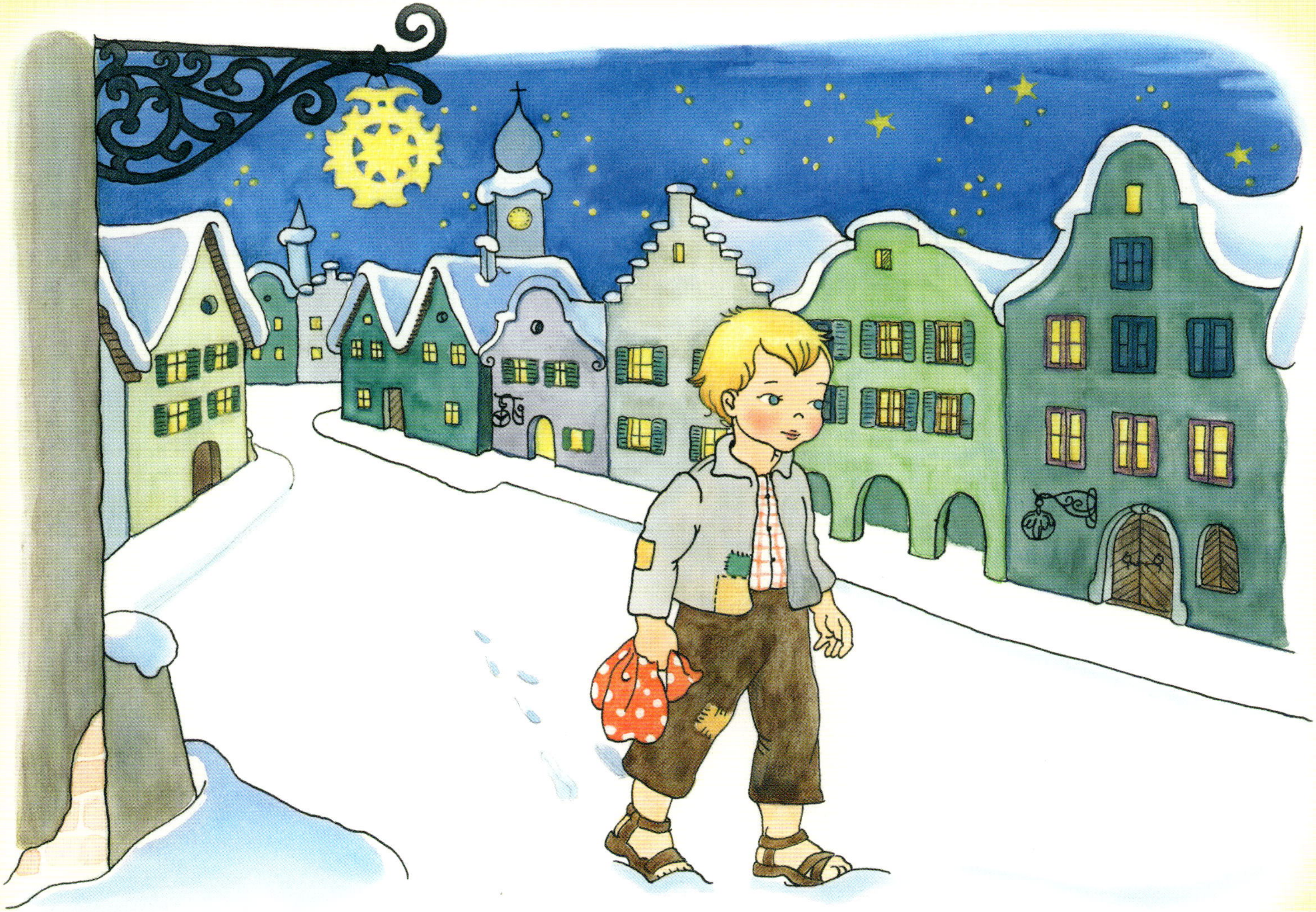

Bei einer Holztür klopft es an.
Ein Nachbar lässt es gleich herein.
Er meint, das Kind wird sicherlich
ein Freund der anderen Kinder sein.

Das Christkind blickt sich staunend um.
„Vor kurzem war in diesem Haus,
wenn ich mich recht erinnere,
mit Sack und Stab St. Nikolaus."

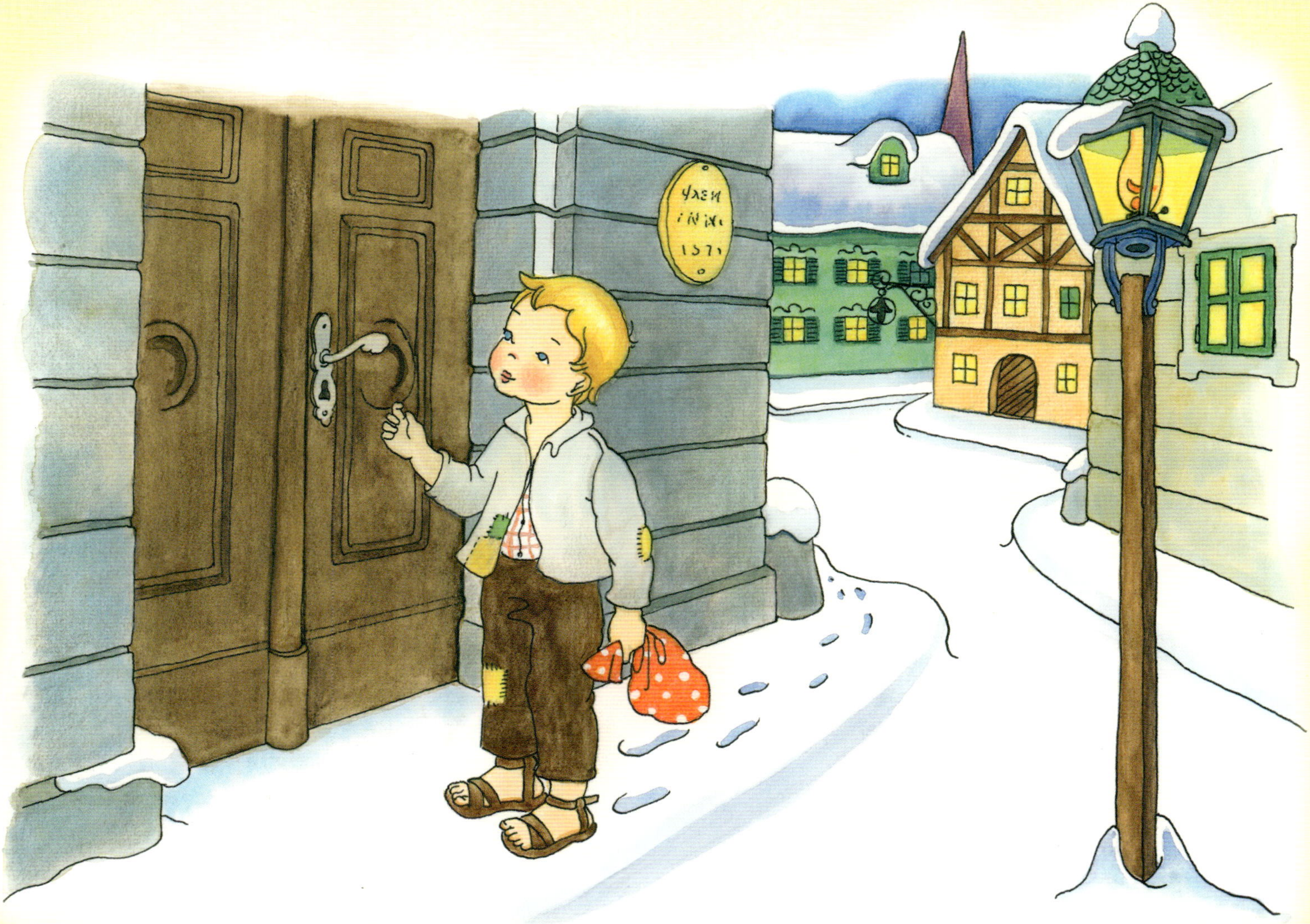

Im warmen Zimmer, um den Tisch,
verspeisen Kinder feinen Kuchen
und laden es ganz freundlich ein,
die süßen Sachen zu versuchen.

Das Christkind, jetzt ein kleiner Bub,
lässt sich die Kuchenstücke schmecken.
Die Katze macht: Miau! Miau!
Sie darf ein wenig Sahne lecken.

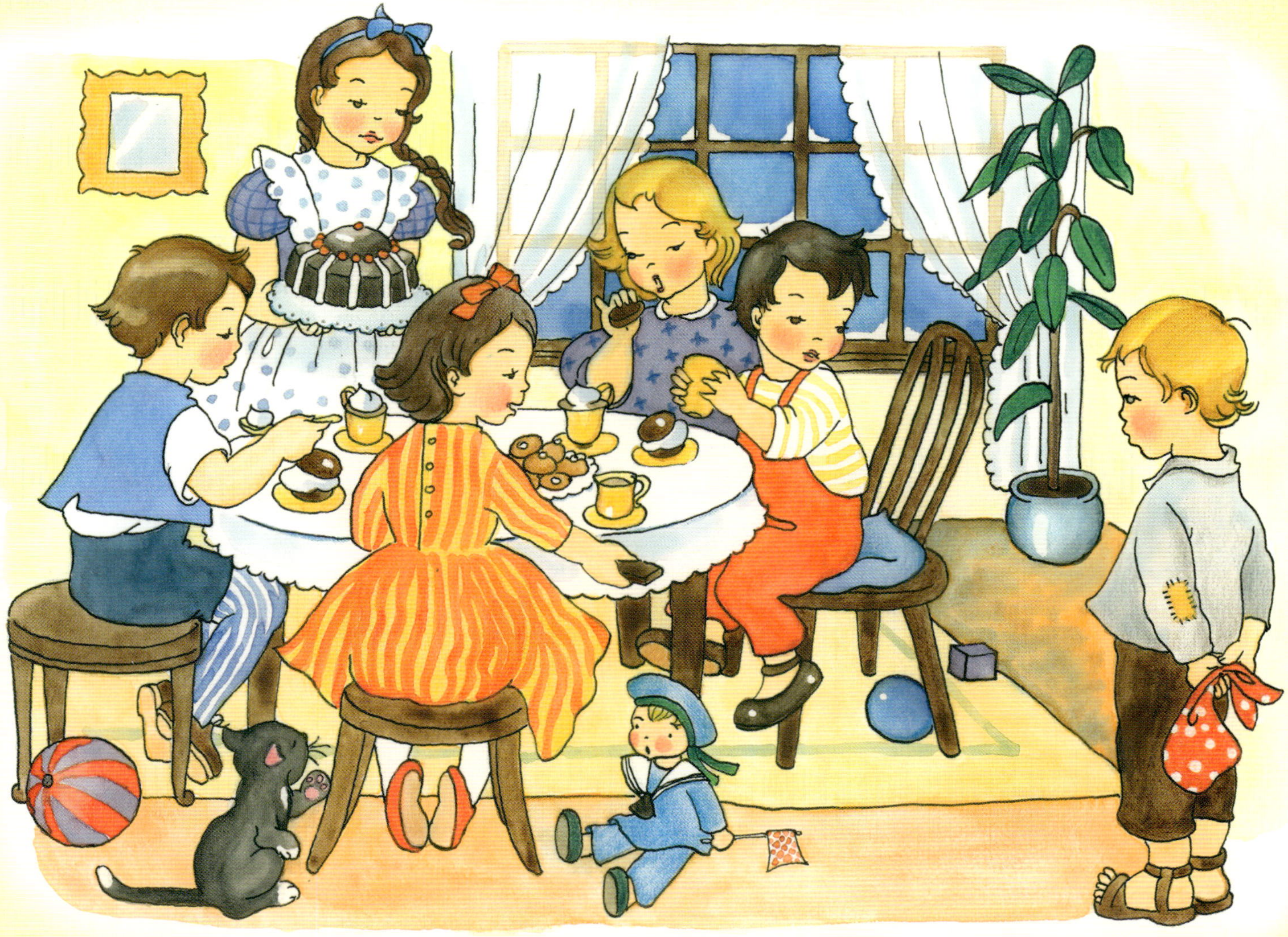

Hinter hellen Fensterscheiben
hört das Christkind Kinder lachen
und denkt bei sich, die haben Spaß,
ich will gleich sehen, was sie machen.

Die Kinderzimmertür steht offen.
Das Christkind tritt mit Freuden ein,
denn es fühlt aus ganzem Herzen,
mit ihnen wird es lustig sein.

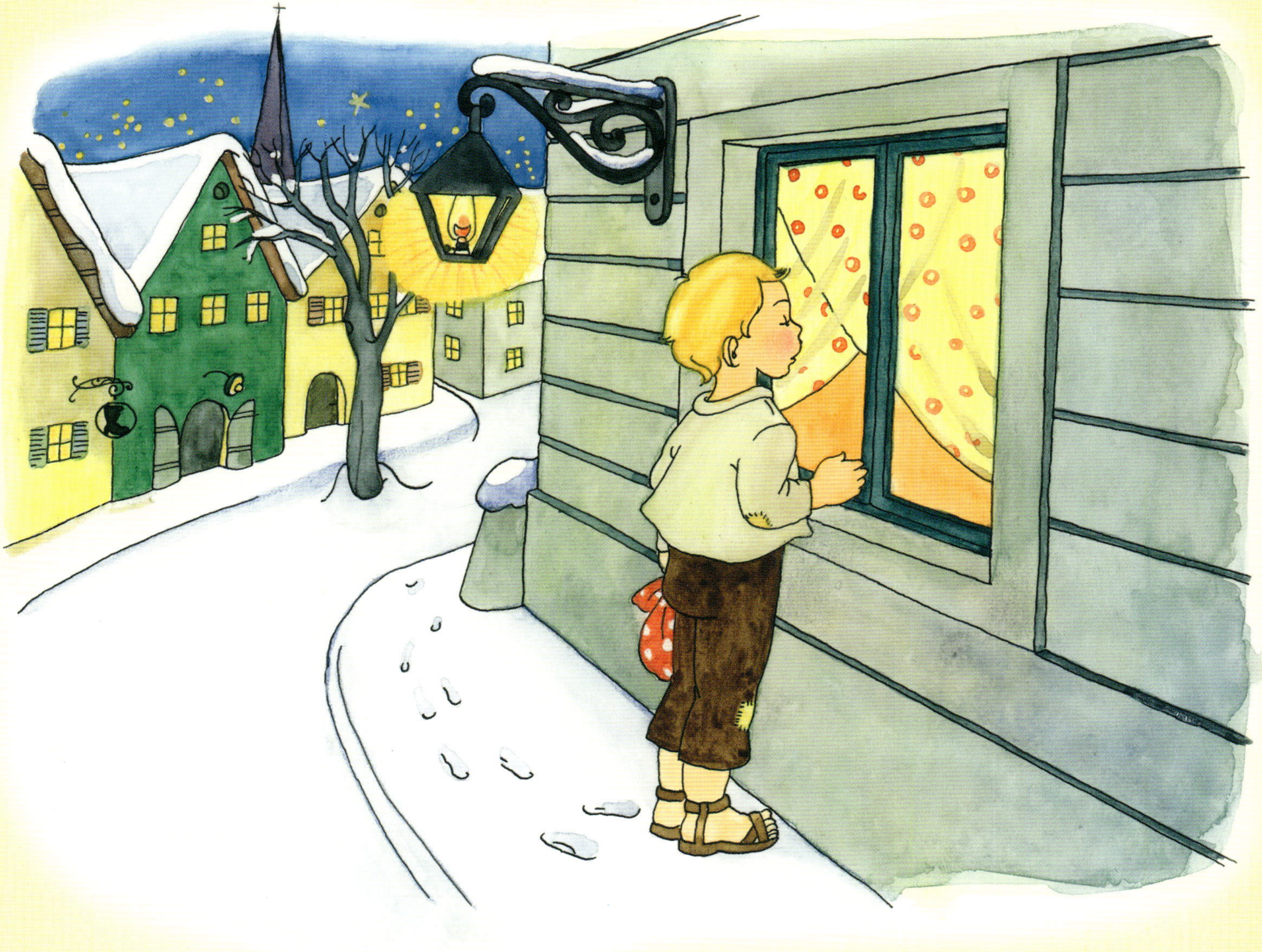

Die Kinder spielen ganz vergnügt
mit ihrer Spielzeugeisenbahn.
„Hallo, ihr vier!", grüßt es und fragt,
ob es mit ihnen spielen kann.

Die Antwort lautet: „Lieber nicht!
Wenn du's nicht kannst, entgleist der Zug.
Da siehst du es. Rumpeldibum!
Ist schon geschehn! Jetzt ist's genug!"

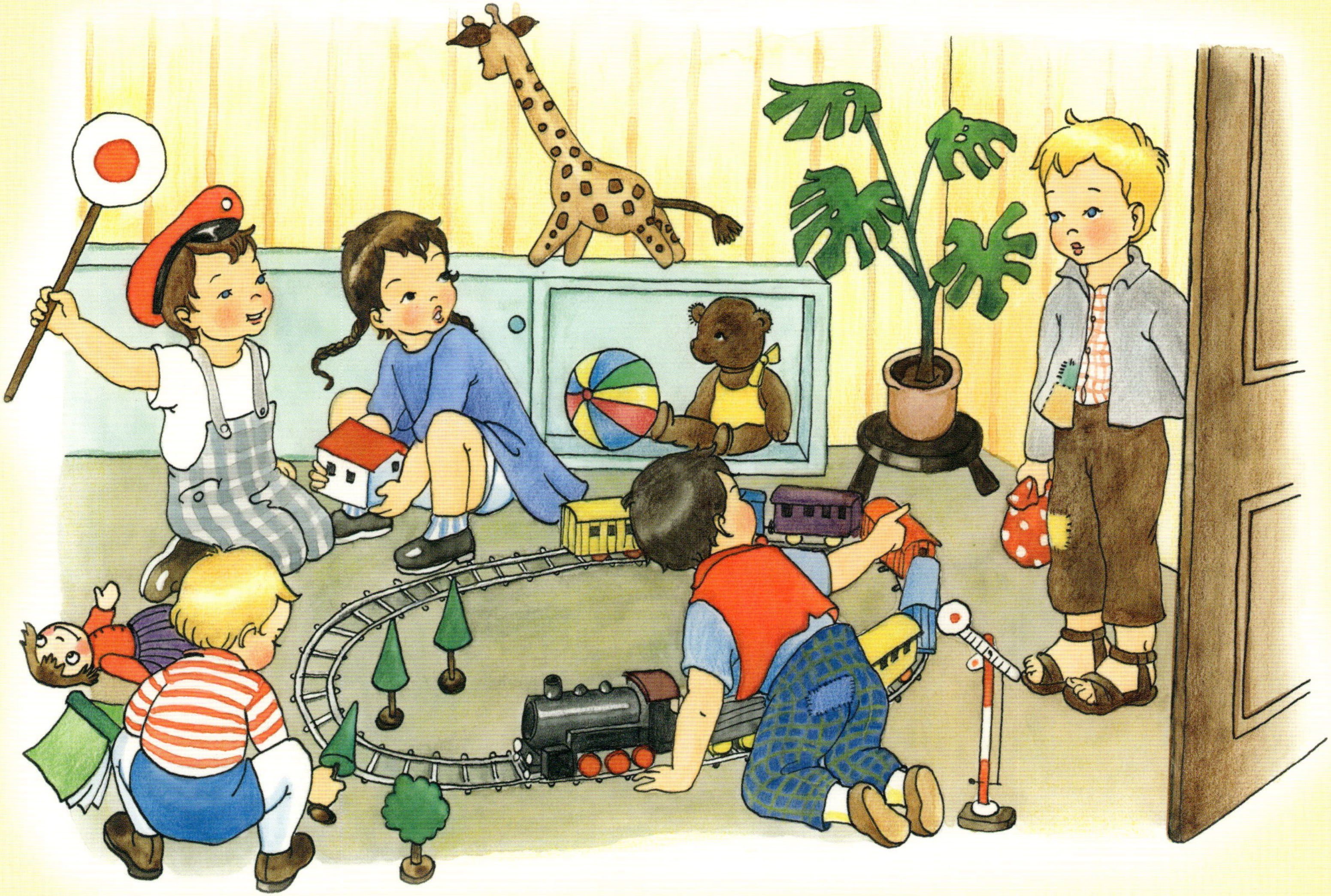

So geht das Christkind durch das Dorf
und klopft bei vielen Häusern an.
Nur manche Türen bleiben zu,
die meisten werden aufgetan.

Die Kinder werden langsam müd,
sie waschen sich und gehn zu Bett.
Das Christkind deckt sie zu und legt
ein Goldhaar auf das Fensterbrett.

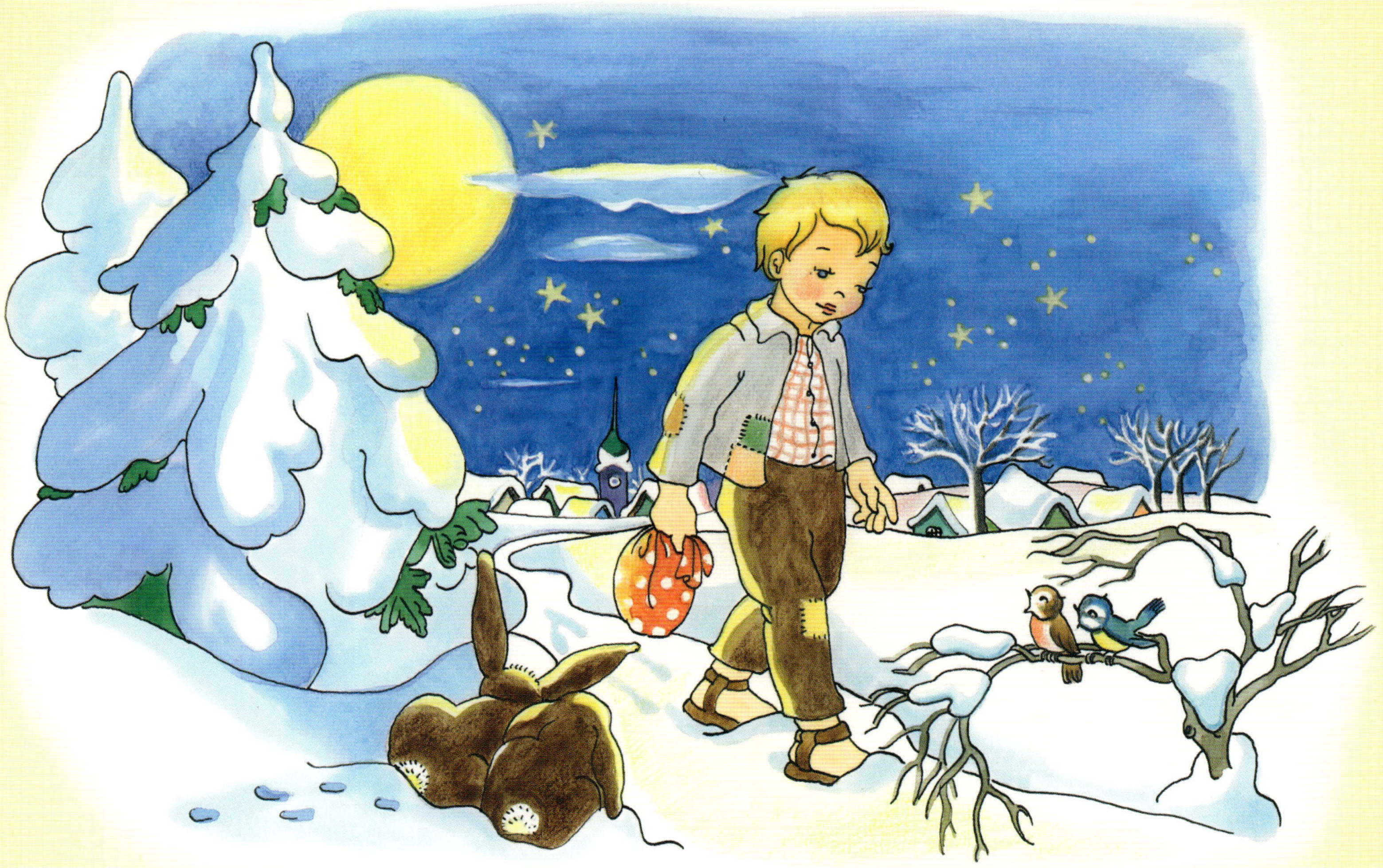

Zufrieden wandert's in den Wald.
Eichkätzchen klettern ohne Scheu.
Da kommt der Sohn vom Förster an
mit einem Bündel frischem Heu.

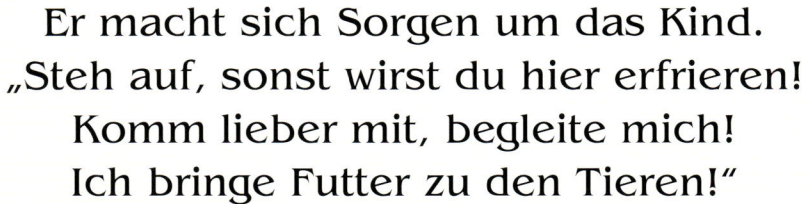

Er macht sich Sorgen um das Kind.
„Steh auf, sonst wirst du hier erfrieren!
Komm lieber mit, begleite mich!
Ich bringe Futter zu den Tieren!"

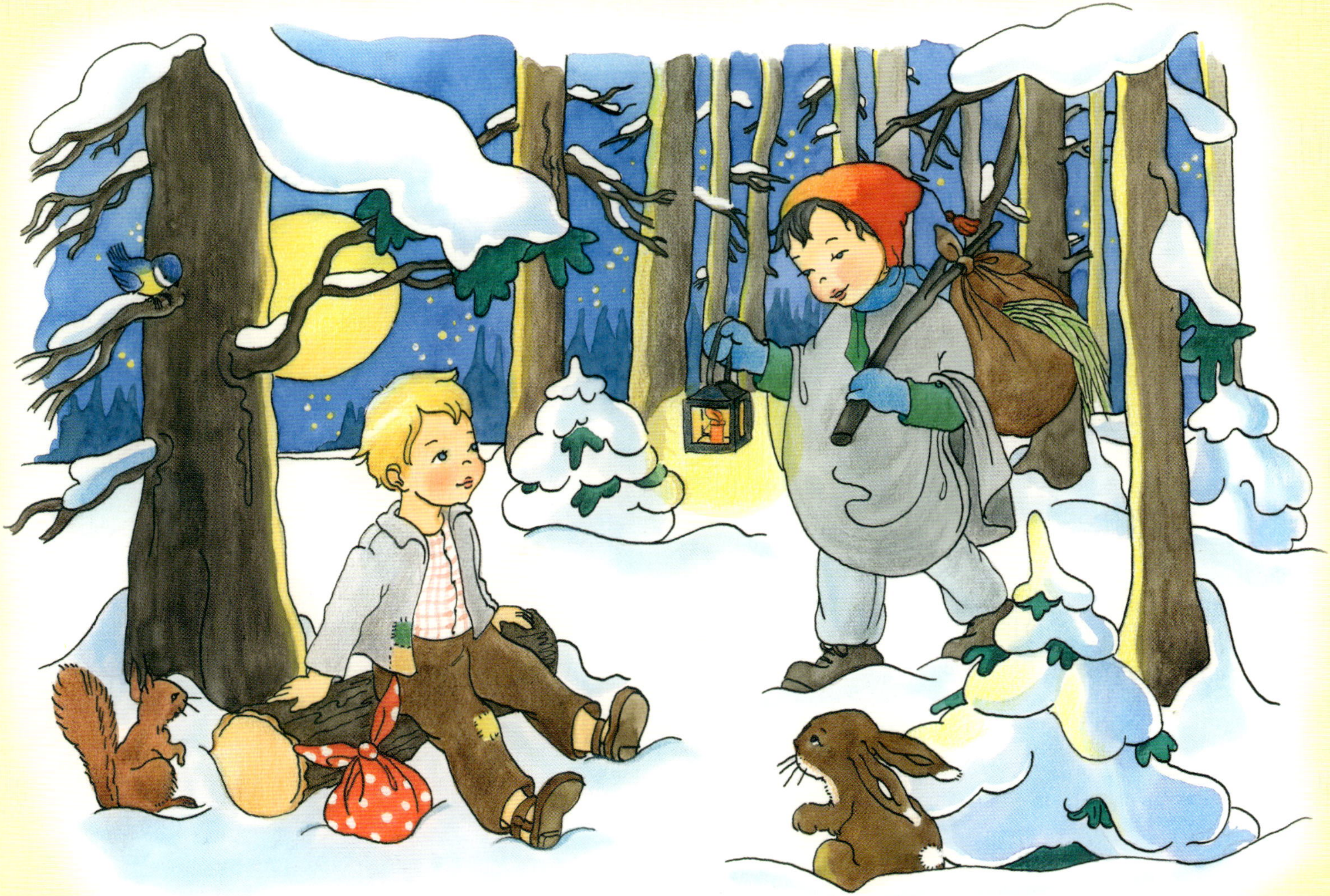

Der Vollmond leuchtet auf den Weg,
es glänzt und glitzert Eis und Schnee.
Die Futterstelle ist nicht weit,
dort warten Hase, Vogel, Reh.

„Im Winter ist es dicht verschneit,
da wächst kein Gras und auch kein Blatt.
Drum bring ich täglich Futter mit.
Ihr Rehe, esst euch tüchtig satt!

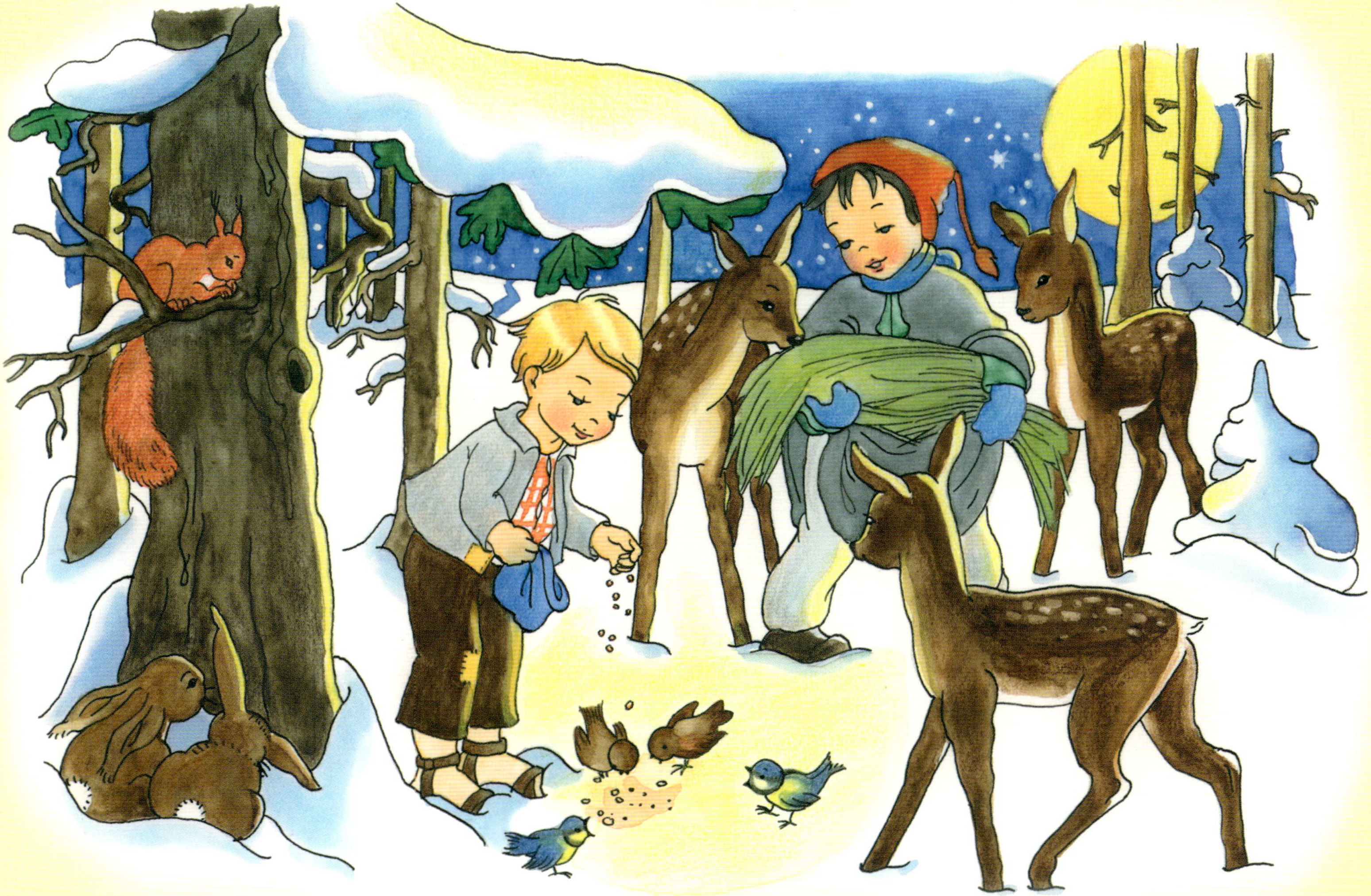

Im Wald kannst du nicht länger bleiben,
Zusammen haben wir es fein."
Er nimmt das Christkind an der Hand.
„Jetzt sind wir beide nicht allein.

Die Mama ist heut nicht zu Haus,
sie schläft bei Oma sicherlich,
und Papa ist noch unterwegs.
Du wirst so hungrig sein wie ich."

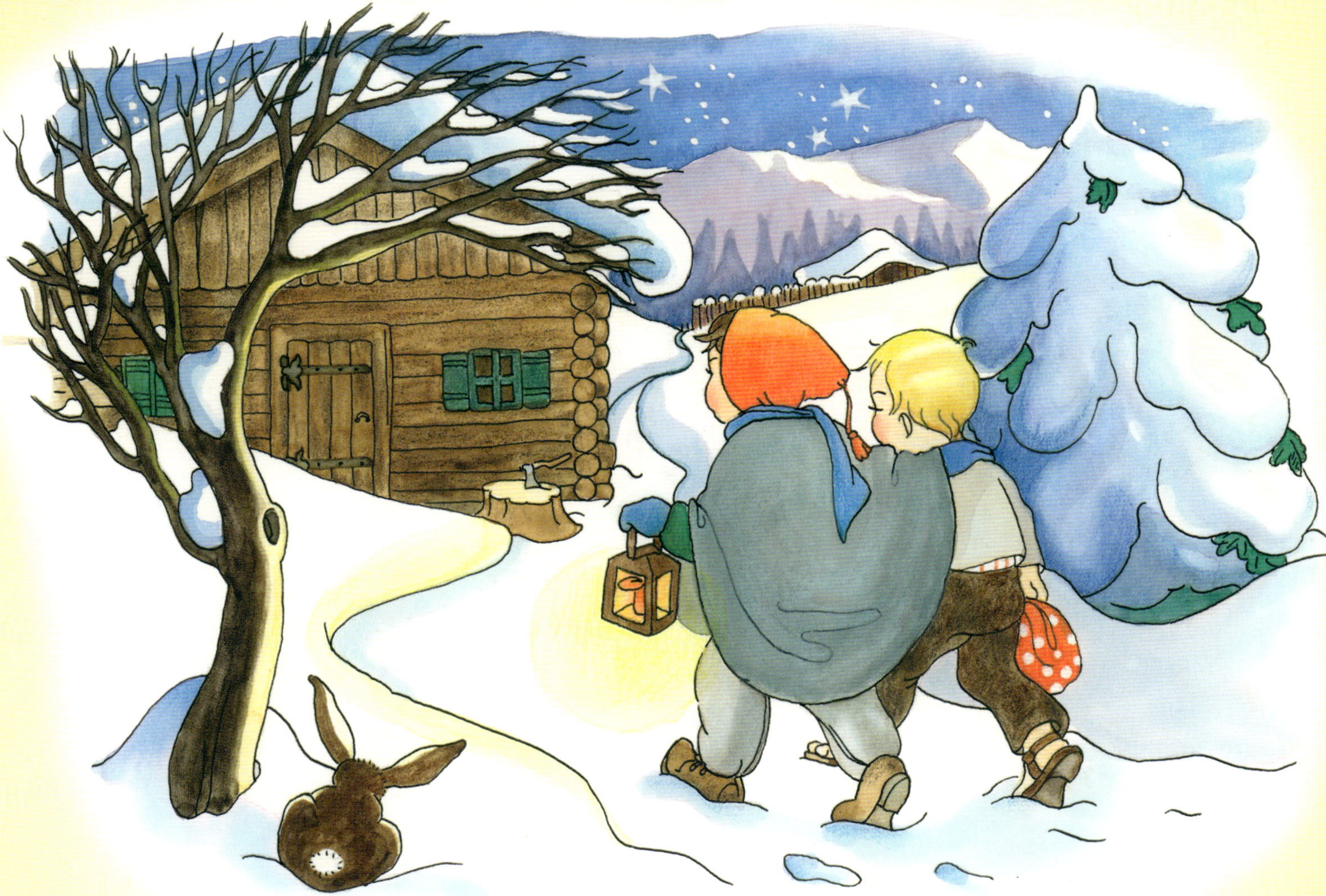

„Die Forsthausstube ist nicht groß,
es wird schnell warm! Ich heize ein.
Komm, setz dich her und ruh dich aus.
Die Suppe wird gleich fertig sein!"

Die Katze kriegt ein Schälchen Milch
und springt dem Christkind auf den Schoß.
Sie schnurrt und fühlt sich bei ihm wohl,
da ist die Freude doppelt groß.

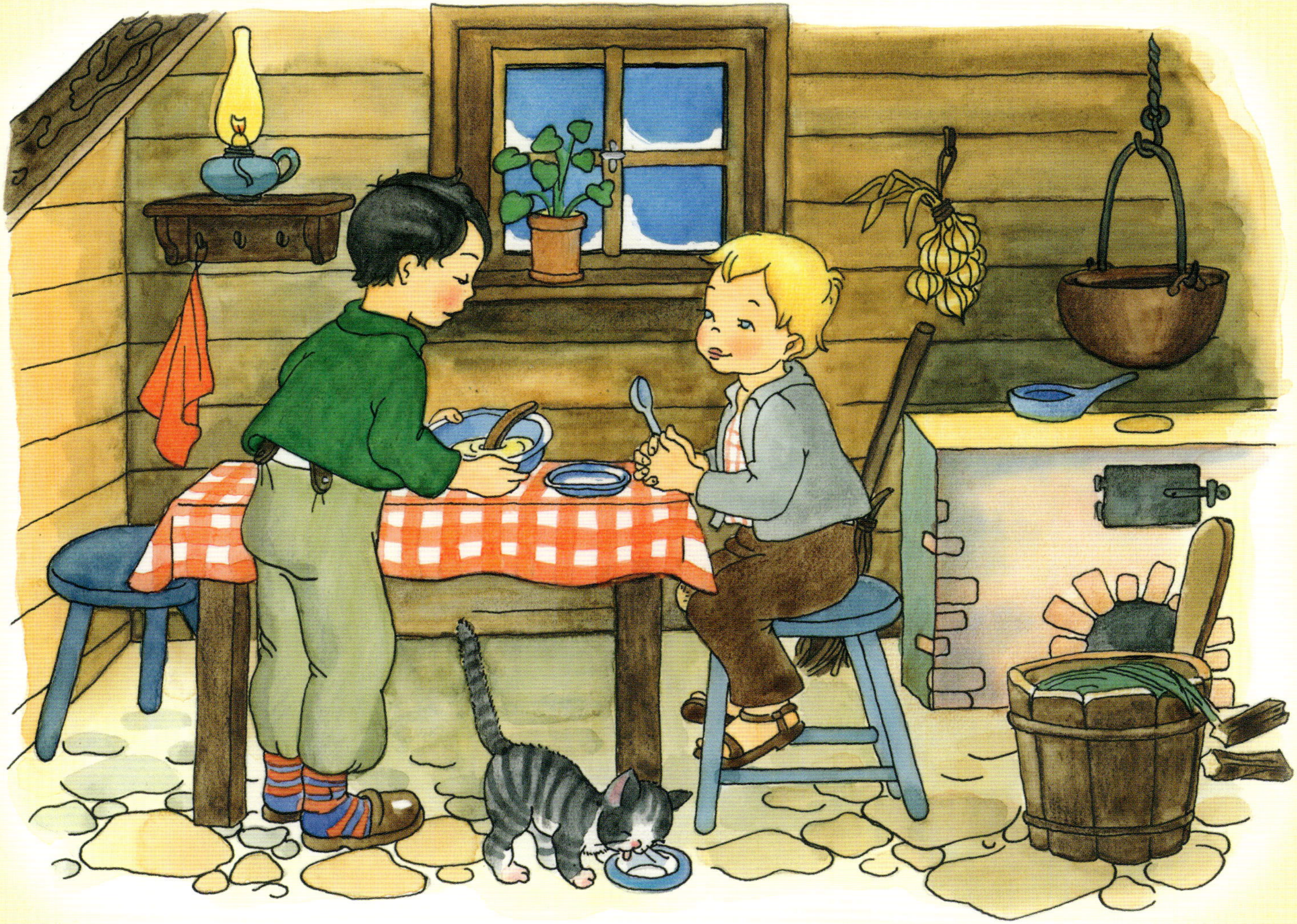

Die Suppe schmeckt so gut wie nie.
Das Bett im Zimmer ist gemacht.
Das Christkind legt sich gleich hinein.
Erholung pur, denkt es und lacht.

Das Kätzchen sucht sich einen Platz,
bald schlummern alle tief und fest.
Das Försterkind hat einen Traum
vom allerschönsten Weihnachtsfest.

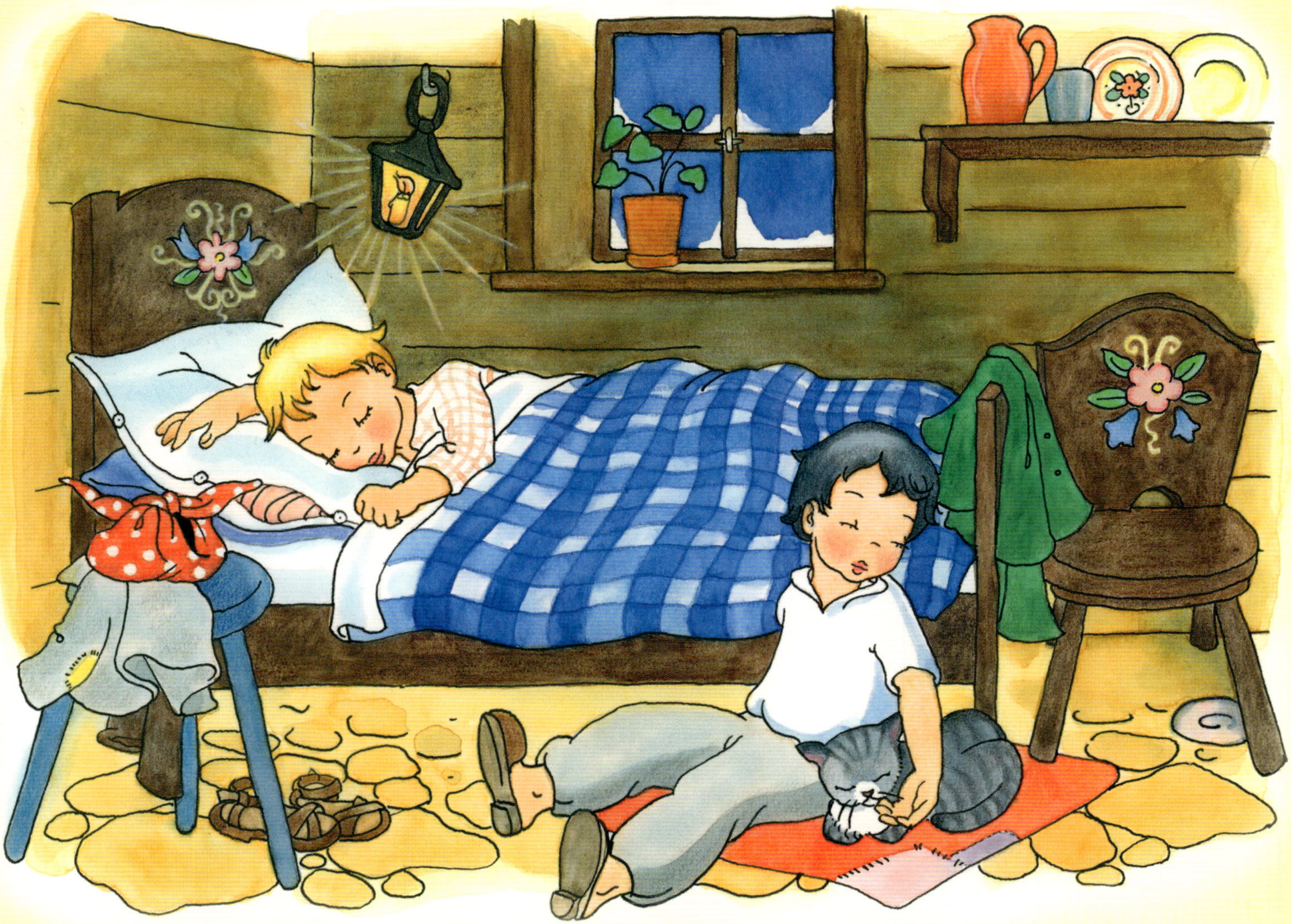

Zum Frühstück gibt es Ziegenmilch
und eine Scheibe Vollkornbrot.
Das Christkind weiß, wo Freude ist
und Liebe, fühlt man keine Not.

Zum Abschied reicht es ihm die Hand.
„Mein neuer Freund, ich dank dir sehr!
Sogar die Mütze gabst du mir,
und Brot und Suppe und noch mehr."

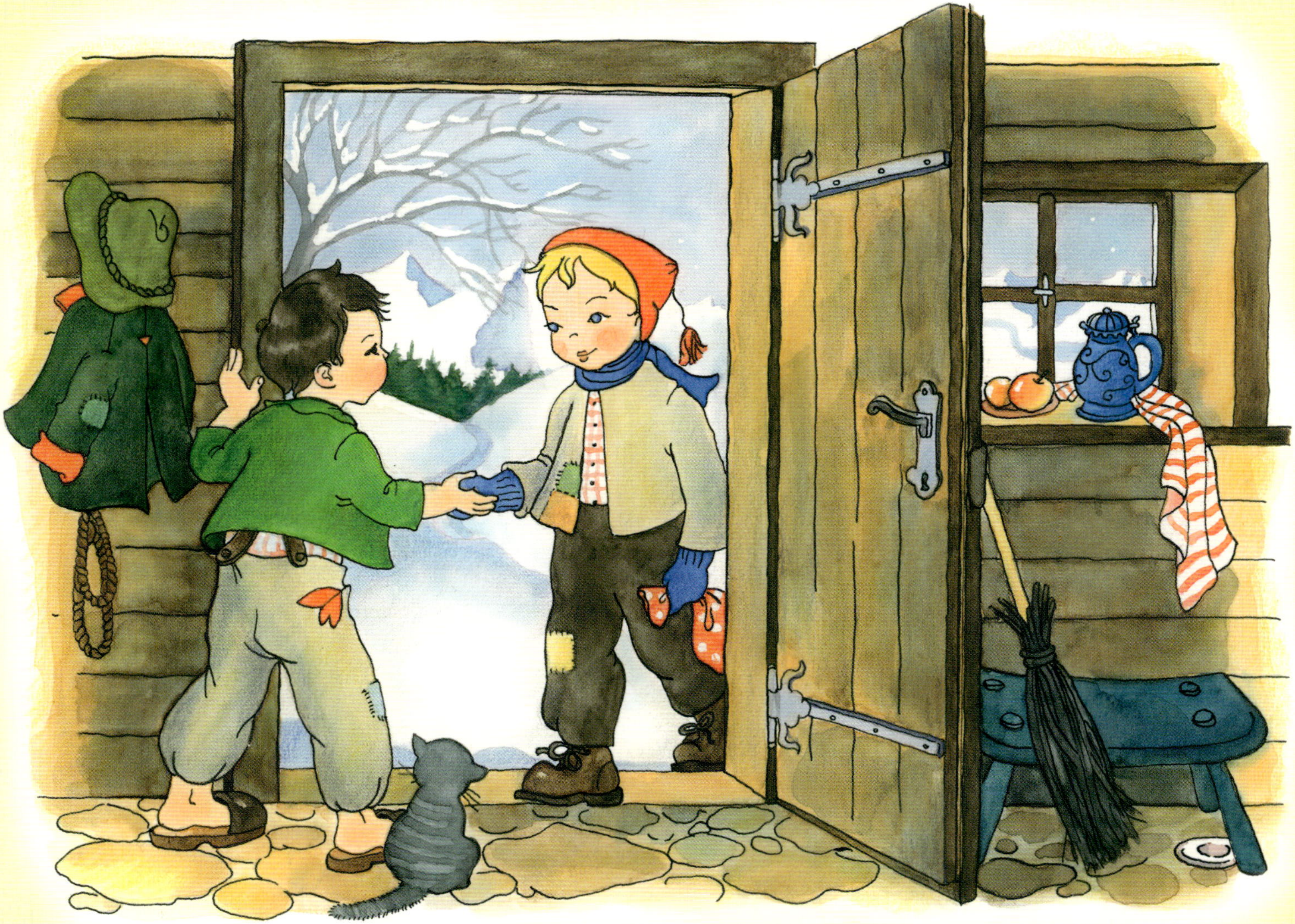

Das Christkind kehrt erholt und froh
zu seiner Engelsschar zurück,
erzählt, wie es auf Erden war,
von Kindern, Eisenbahn und Glück.

„Beim Försterkind war ich zu Gast,
obwohl es ganz bescheiden wohnt.
Drum wird es nun zum Weihnachtsfest
von mir besonders reich belohnt.

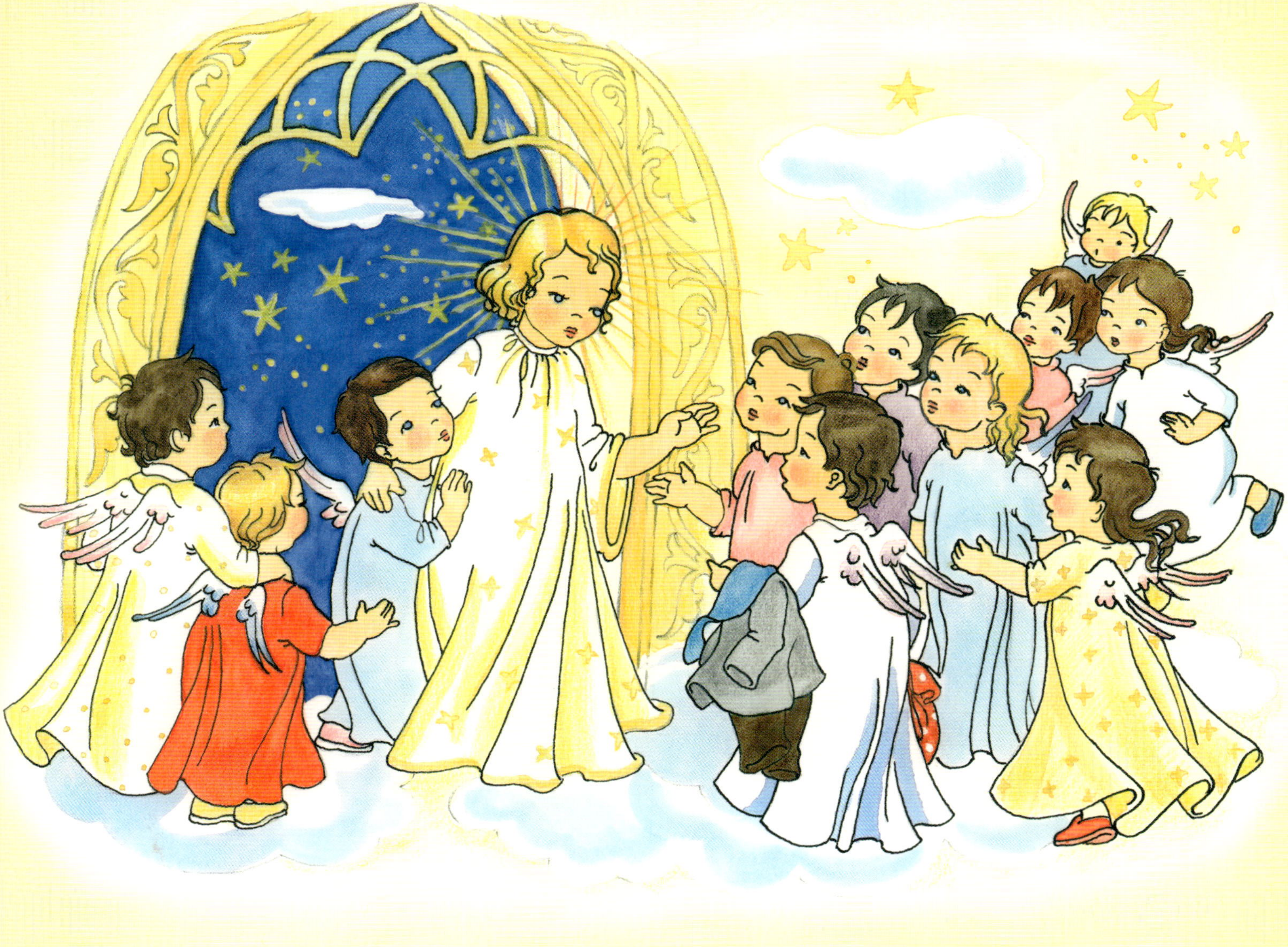

Der Ausflug hat mir gut getan.
Die Kinder waren lieb und brav.
Packt alles ein!" Dann zählt es auf:
„Hai, Auto, Tiger, Teddy, Schaf,

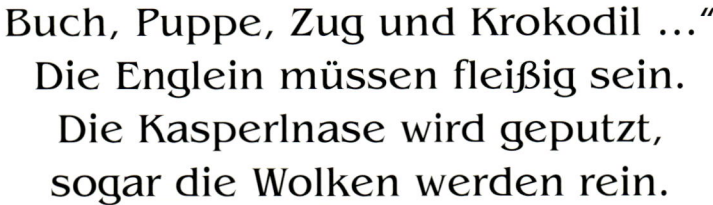

Buch, Puppe, Zug und Krokodil ..."
Die Englein müssen fleißig sein.
Die Kasperlnase wird geputzt,
sogar die Wolken werden rein.

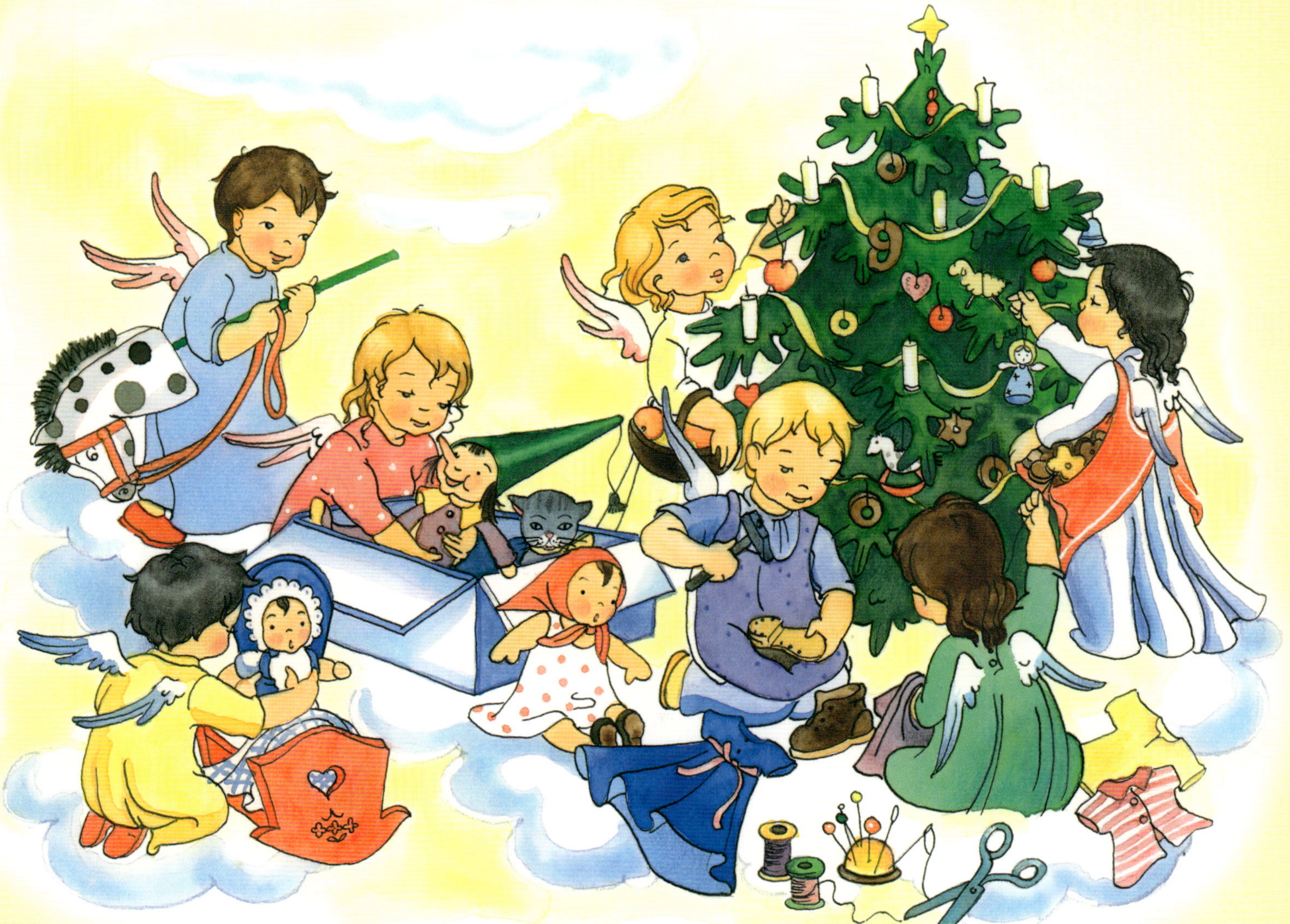

Dann laden sie das Spielzeug auf
und prüfen: „Ist auch alles da?
Der Elefant für Florian,
ein Ball für Fritz und Ursula."

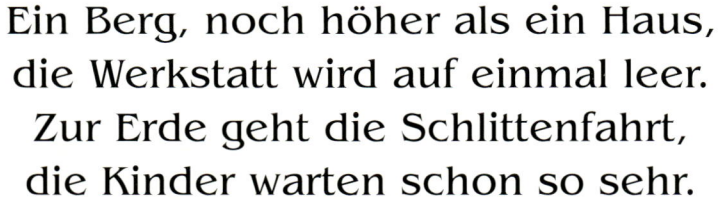

Ein Berg, noch höher als ein Haus,
die Werkstatt wird auf einmal leer.
Zur Erde geht die Schlittenfahrt,
die Kinder warten schon so sehr.

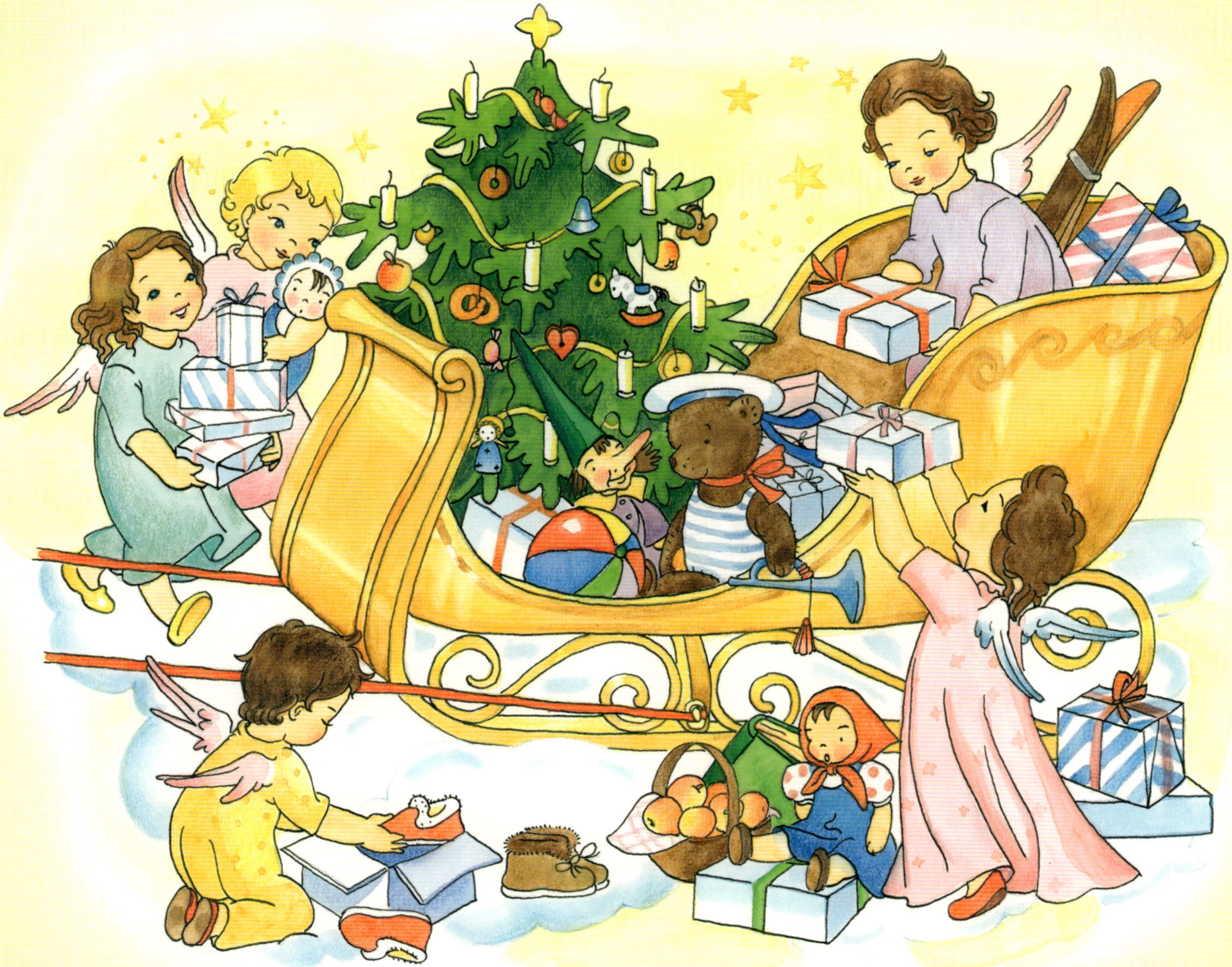

Das Christkind fliegt zum Försterhaus.
„Vergesst nichts, liebe Engelein!
Ihr wisst doch, für das Försterkind
soll dies die schönste Weihnacht sein!"

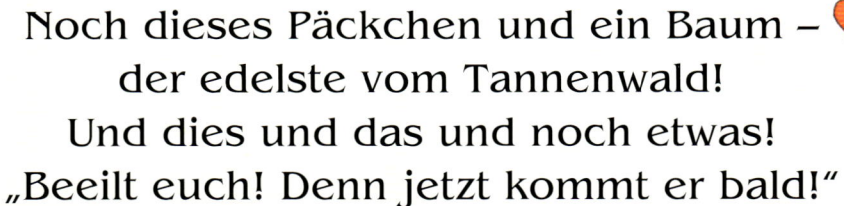

Noch dieses Päckchen und ein Baum –
der edelste vom Tannenwald!
Und dies und das und noch etwas!
„Beeilt euch! Denn jetzt kommt er bald!"

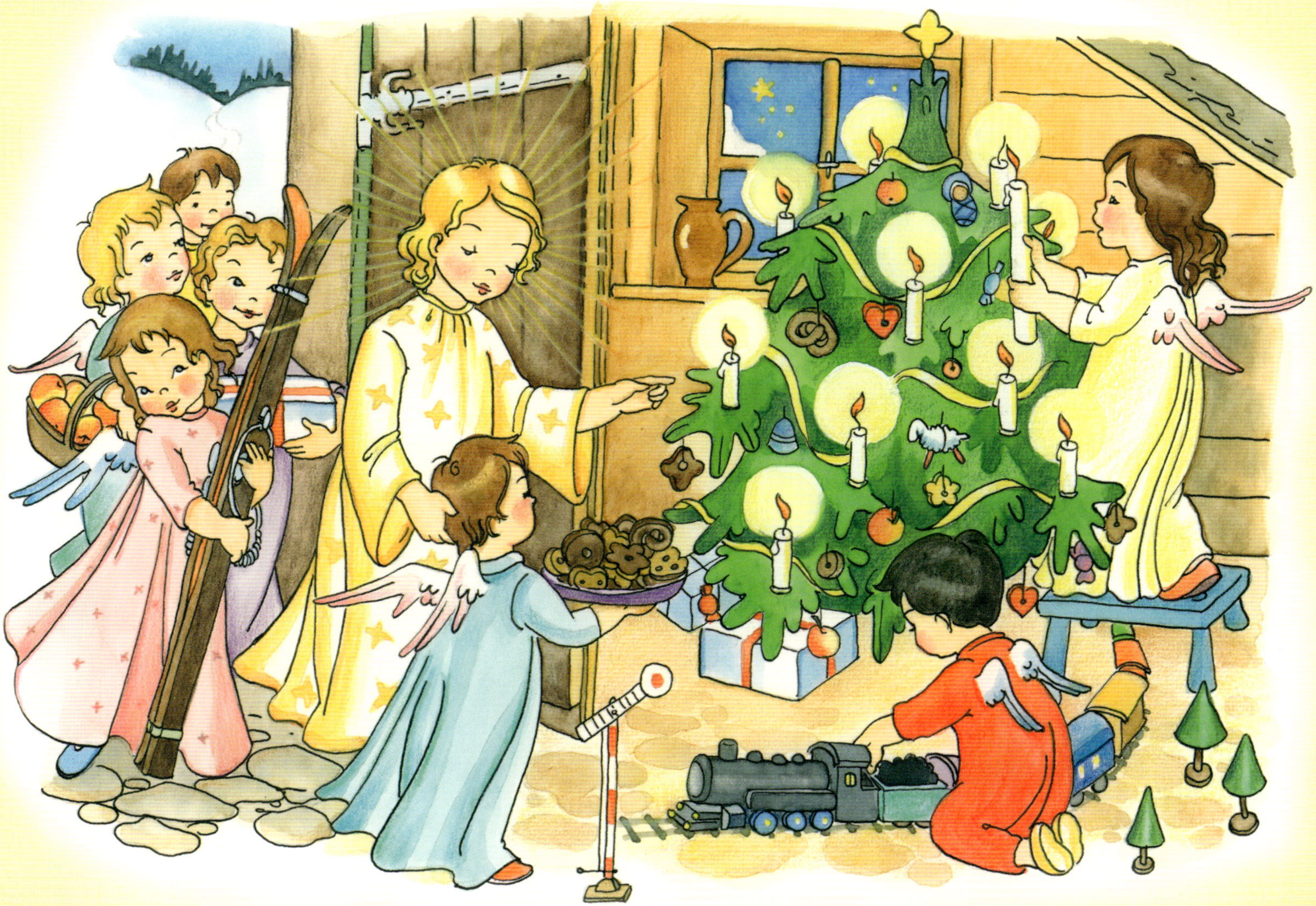

Erst war der Förstersohn betrübt.
Sein neuer Freund ist schon weit fort.
Die Tiere kriegen noch ihr Heu.
Er läuft zum Haus. Was leuchtet dort?

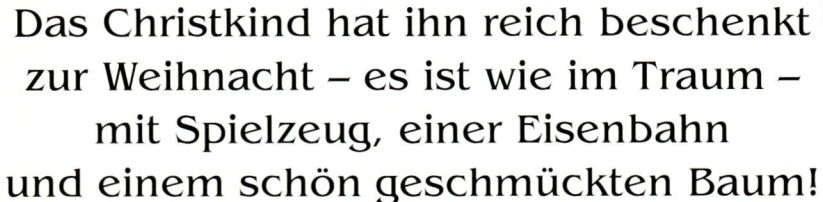

Das Christkind hat ihn reich beschenkt
zur Weihnacht – es ist wie im Traum –
mit Spielzeug, einer Eisenbahn
und einem schön geschmückten Baum!

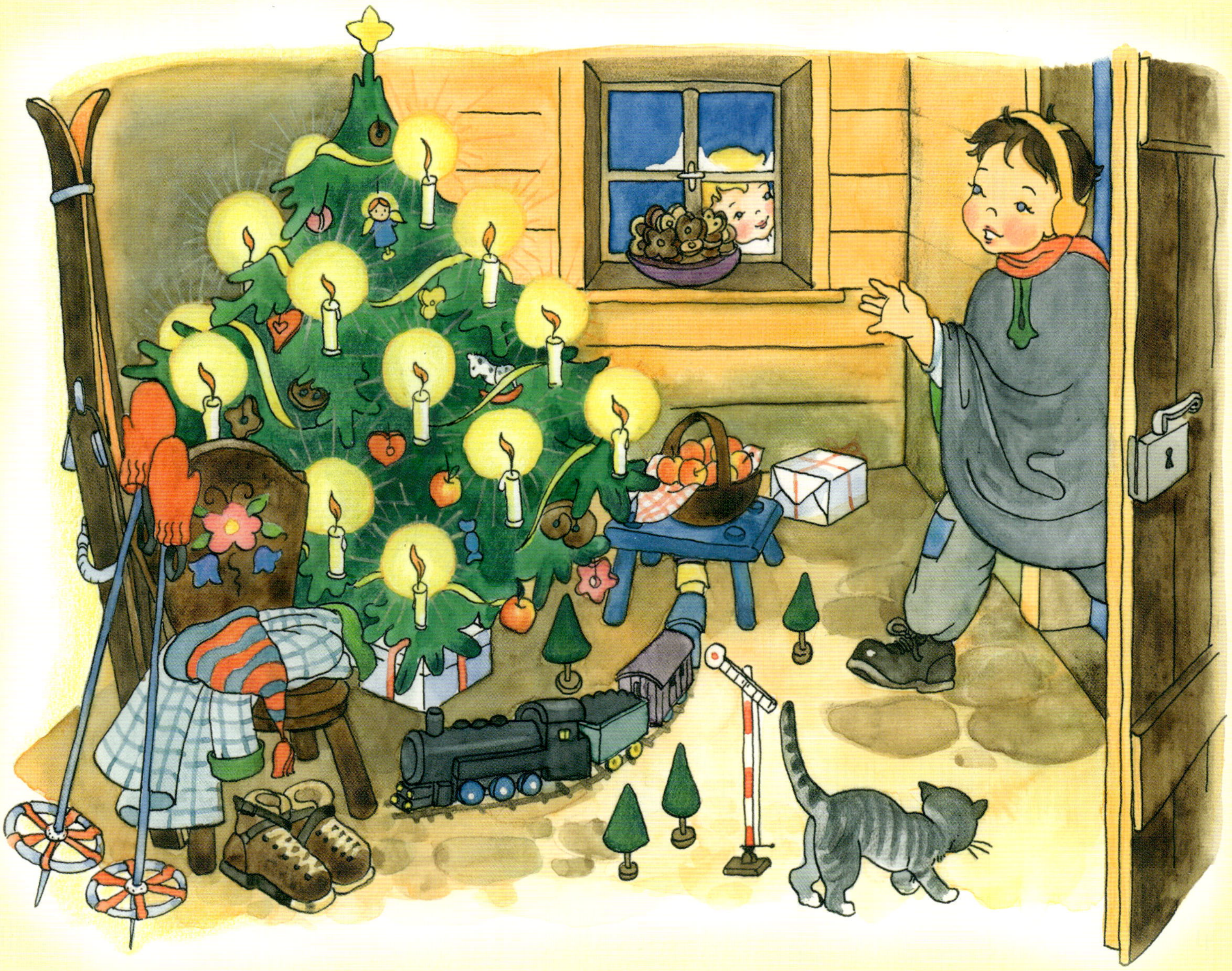

ISBN: 978-3-7004-4448-0
Das vorliegende Bilderbuch
ist ein Reprint einer Breitschopf-Erstausgabe
und stammt aus der Bilderbuchwerkstatt der
Verlagsbuchhandlung Julius Breitschopf GmbH.
Es wurde nach den Regeln der Neuen Rechtschreibung gesetzt.
Lektorat: Erhard Waldner

© Copyright 2016 by Verlagsbuchhandlung Julius Breitschopf GmbH
Das Werk ist weltweit urheberrechtlich geschützt,
dies gilt auch für alle jene Vervielfältigungsmöglichkeiten,
die zur Zeit der Veröffentlichung noch nicht bekannt waren.
All rights reserved throughout the world.
www.breitschopf-verlag.com